OBSÈQUES

DE

M. ALLEMAND,

Chevalier de la Légion-d'Honneur,

DOYEN ET ANCIEN BATONNIER DE L'ORDRE DES AVOCATS

A la Cour d'Appel de Riom,

MEMBRE DE L'ACADÉMIE DE CLERMONT.

(19 Mars 1851.)

RIOM,
A. JOUVET, IMPRIMEUR DE LA COUR D'APPEL,
Rue de l'Hôtel-de-Ville, 10, près du Palais.
1851.

OBSÈQUES DE M. ALLEMAND.

Le Barreau de Riom vient de perdre l'un des avocats les plus illustres de son ordre, la ville un de ses citoyens les plus dévoués et les plus utiles.

Le 16 mars 1851, après une maladie de deux jours seulement, M. Allemand, doyen et ancien Bâtonnier de l'ordre des Avocats, a succombé dans sa 78me année. Cette longue existence si laborieuse, si bien remplie, s'est éteinte au milieu des larmes de sa famille et de ses amis.

Il avait fait partie de toutes les administrations de la ville. Pendant quinze ans il avait été Bâtonnier de l'ordre. Depuis quelque mois à peine, il avait quitté les fonctions de Maire.

Ses obsèques ont eu lieu après un office dans la vaste basilique de St-Amable, qui réunissait toutes les notabilités de la cité : Le Barreau en costume, la Magistrature, le Conseil municipal, les diverses administrations et de nombreux Légionnaires. Une foule immense était venue s'associer à ce deuil, comme pour témoigner de la douleur de la cité toute entière.

Le Barreau de Clermont avait envoyé une députation. L'Académie était représentée par plusieurs de ses membres et par son vice-président.

L'office a été célébré le 18 mars avec toutes les pompes de la religion. Le cortége s'est ensuite dirigé vers le champ du repos dans l'attitude d'une morne tristesse.

Les coins du poêle étaient portés par un Avocat, un Conseiller municipal, un Membre de l'Académie, un Chevalier de la Légion-d'Honneur.

Les honneurs militaires ont été rendus au défunt, dont les restes mortels ont été déposés dans une sépulture de famille.

Après la cérémonie religieuse, deux discours ont été prononcés : l'un, par M. Tailhand, Bâtonnier de l'ordre des Avocats, au nom du Barreau ; l'autre, par M. Vidal, Conseiller-Auditeur, qui n'a pu s'éloigner de cette tombe sans prononcer quelques paroles touchantes, et dont les accents ont vivement ému tous les assistants.

Nous reproduisons l'allocution prononcée par M. Tailhand, qui a été écoutée avec le plus vif intérêt.

Messieurs,

Il y a à peine une année, que l'un de nos meilleurs citoyens (1), estimable à tant de titres, nous était enlevé !

Son contemporain et ami, celui qui, pendant longues années, s'était associé aux mêmes études, aux mêmes travaux, aux mêmes luttes judiciaires, venait ici avec nous, témoigner de ses regrets et partager le deuil de la cité.

Qui de nous pensait alors qu'une tombe nouvelle devait bientôt s'ouvrir ?

Et qu'une perte, non moins douloureuse, devait encore apporter une affliction générale !

A la triste nouvelle de l'événement qui nous ramène en ces lieux, une seule voix s'est fait entendre :

Le Barreau vient de perdre l'un de ses membres les plus éminents ;

La ville l'un des citoyens qui lui fut plus longuement dévoué, et sut le mieux éclairer ses droits et protéger ses intérêts.

(1) M. De Vissac.

Qu'il me soit permis, Messieurs, de retracer en peu de mots les nobles qualités de l'esprit et du cœur, les principales circonstances de la vie, d'ailleurs si bien remplie, du doyen des avocats, de l'ancien bâtonnier auquel nous venons rendre un pieux et dernier devoir.

M. Amable Allemand naquit à Riom, en l'année 1773. Il avait fait ses premières études au collége des Oratoriens de cette ville, collége justement renommé par le savoir des professeurs, et par leur méthode d'enseignement.

C'est là que, parmi les élèves, il retrouva des noms chers à notre pays, MM. Chabrol de Crouzol et Volvic, et qui, dans tous les temps, surent honorer leur haute position, en conservant une vieille amitié à un ancien condisciple.

L'éducation que reçut M. Allemand, ne put être mise à profit au gré de sa famille.

A cette époque, les événements politiques se pressaient, la révolution avait arboré son drapeau.

Obligé de subir la condition rigoureuse que la levée en masse imposait à chaque citoyen, M. Allemand prit les armes comme simple soldat. Il ne tarda pas, toutefois, à conquérir un grade d'officier, que ses connaissances et son zèle dans l'accomplissement de ses devoirs militaires, justifiaient aisément.

S'il n'assista pas à ces combats, à ces batailles que le héros de l'époque multipliait sur tous les points, il n'en fut pas moins exposé à plus d'un péril.

C'est dans les champs de la Vendée, alors que la vie du soldat était incessamment menacée, qu'une blessure grave atteignit l'officier et lui laissa longtemps une profonde douleur.

Peu de temps après, M. Allemand fut incorporé dans l'artillerie de marine. Il ne put obtenir immédiatement le même grade qu'il avait eu dans un régiment de ligne, et fut soumis à un concours pour la place d'officier.

Un certificat délivré le 14 vendémiaire an 8, par le célèbre Monge, apprend que M. Allemand avait fait preuve d'instruction et de capacité. Mais il paraît qu'il ne tarda pas à reconnaître que l'état de sa santé ne lui permettait plus de suivre la carrière militaire; car un congé de réforme lui fut remis, au prix de 300 francs, le 7 frimaire an 9.

Il est à remarquer qu'à cette époque, le médecin constatait, pour appuyer la réforme, des infirmités graves; et notamment une pulmonie, déjà arrivée au 2e degré et près d'atteindre le 3e et dernier degré. La mort lui paraissait imminente, si le service militaire n'était promptement abandonné.

Cette triste prédiction, il faut le croire, était déterminée, sans doute, plutôt par un sentiment excusable de bienveillant intérêt, que par la justesse d'observations médicales qui, depuis, auraient été heureusement et longuement démenties.

A peine rentré dans ses foyers, M. Allemand comprit que la vie civile lui imposait de sérieuses obligations, et que la carrière du barreau qu'il voulait suivre désormais, devait exiger des études préalables, auxquelles il n'avait jamais été initié.

On le vit d'abord, comme plusieurs de ses amis, remplir les fonctions de défenseur officieux. Il exerça, ensuite, pendant quatre années, celles d'avoué à la Cour d'appel.

Ces fonctions, toutes honorables qu'elles sont, ne pouvaient suffire à l'activité d'un esprit qui, chaque jour, recevait de nouveaux aliments et agrandissait le cercle de ses connaissances.

Il éprouvait le besoin de prendre un plus grand essor et de se lancer définitivement dans cette voie où un travail opiniâtre et de tous les instants devait, plus tard, lui donner le premier rang.

C'est le 18 mai 1805, qu'il prêta serment comme avocat. Dès ce moment, s'il ne lui fut pas permis de prendre immédiatement une place élevée au barreau, il sut, dans les longues études du cabinet, auxquelles la littérature ancienne et moderne n'étaient pas étrangères, préparer, amasser ces richesses qui devaient imprimer à son esprit une si grande solidité.

Il eut le courage de refaire son instruction, que les événements militaires avaient suspendue. Il se mit à l'œuvre comme au début de sa carrière; il étudia de nouveau les sciences mathématiques, apprit d'une manière plus complète les langues italienne et anglaise, et sa mémoire, enrichie de connaissances nouvelles et variées, devint un heureux auxiliaire dans toutes les questions qu'il fut appelé à décider, comme dans les entretiens où l'homme instruit apparaissait.

C'est après la retraite de deux honorables jurisconsultes, MM. Pagès et Delapchier, que l'on vit surtout M. Allemand, se présenter au barreau, pour y occuper le rang qui ne devait plus lui être disputé. Ses succès, d'abord lents et contestés, n'en furent que plus assurés; car ils devaient être, à la fois, le résultat d'une appréciation sagement faite par la Magistrature et le Barreau lui-même.

On remarquait surtout cette aptitude immense à l'intelligence des affaires, aptitude qui ne lui faisait jamais défaut pour saisir la difficulté et la résoudre.

Il n'y avait plus d'hésitation dans son esprit, plus d'embarras dans la coordination de ses idées, lorsqu'il prenait la plume et rédigeait une consultation. C'est alors que la langue du droit découlait simple, précise et toujours correcte, sans emphase ni boursoufflure.

Personne ne savait, mieux que lui, restituer au fait sa physionomie, lui conserver sa véritable portée et le fortifier, au besoin, de tous les souvenirs précieux de la jurisprudence.

Ces traits distinctifs du jurisconsulte se rehaussaient par une modestie qui était la même dans toutes les situations de la vie judiciaire de M. Allemand.

On l'entendait, au milieu de ses confrères, dont il respectait toujours les convictions, énoncer avec réserve, son opinion ; et toutefois, c'était lui, alors que la discussion semblait épuisée, qui apportait un tribut d'observations, dont la simplicité, comme l'application, frappaient tous les esprits.

Aussi, le savant Grenier, appréciateur si éclairé, et témoin de ces luttes dans lesquelles M. Allemand déployait une science si profonde, disait-il de lui, qu'il était à ses yeux, le jurisconsulte par excellence, celui que le langage de la loi romaine désignait par l'énergique expression : *Jure madens*.

Pendant près de quarante années, la lutte de l'avocat, justement et fréquemment honoré par ses confrères, du titre de Bâtonnier, a été la même.

Pendant ce long temps, la confiance publique l'a constamment entouré. Toutes les questions importantes et difficiles, étaient débattues et décidées dans le cabinet du jurisconsulte avant d'arriver à l'audience. Sa renommée ne s'étendait pas seulement dans l'étendue du ressort, elle en avait franchi les limites ; et le profond, le savant juriste ne pouvait toujours suffire, à temps, aux exigences de ses nombreux clients.

Au milieu de ces occupations qui semblaient absorber toute sa vie, M. Allemand interrogeait toutes les doctrines, recueillait, avec soin, tous les monuments de la jurisprudence et conservait ainsi d'utiles matériaux sur l'ensemble de nos lois et sur leur interprétation.

L'une de celles, qui se lie à un plus grand nombre d'intérêts, et dont les lacunes l'avaient vivement frappé dans l'exercice de sa profession, la loi hypothécaire, lui avait paru exiger des modifications importantes.

A ce sujet, il avait publié en 1836, une brochure ayant pour titre : *Examen du Régime hypothécaire établi par le Code civil et des améliorations dont il est susceptible.*

L'auteur qui devançait, alors, cette refonte que les législateurs actuels ont proclamée comme une nécessité, démontre dans cet écrit, avec la science d'un ancien et profond jurisconsulte, avec la clarté d'une plume exercée au langage du droit, les vices du régime hypothécaire, vices justifiés par l'épreuve décisive de l'application.

Cependant, en esprit sage, il précise les améliorations, et s'arrête aux rectifications qu'il convient d'opérer.

Un autre ouvrage, de plus longue haleine, a été publié par M. Allemand, en 1847. Ce sont deux volumes *sur le Mariage et ses Effets.*

On retrouve dans le discours préliminaire, l'homme instruit, le littérateur habile qui, avant de prendre la plume, a su puiser à toutes les sources de l'histoire.

Quant à l'ouvrage en lui-même, il porte l'empreinte de cette longue expérience éclairée par l'instruction, et de cette clarté de langage qui en relève le mérite.

Le monde judiciaire, en l'adoptant comme l'un de ses livres usuels, en a fait l'éloge le plus honorable.

Il est à regretter que le *Traité sur le Contrat de Mariage*, dont les matériaux sont, à ce qu'il paraît, recueillis presqu'en entier, n'ait pu être publié.

M. Allemand qui savait mettre à profit tous ses loisirs, d'ailleurs si restreints, même au temps [des vacances du Palais, a encore publié en 1836 et 1844, deux opuscules, l'éloge de Domat et du général Désaix, qui tous deux comptent parmi les gloires de notre contrée à des titres différents.

C'est dans l'un de ces écrits, que la plume de l'auteur a su s'assouplir, et quittant le langage sévère du droit, mettre en relief toutes les ressources d'un esprit exercé et tous les sentiments d'un citoyen ami de son pays.

Dès le 12 novembre 1829, M. Allemand avait été désigné comme membre titulaire, non résidant, de l'Académie des Sciences, Belles-Lettres et Arts de Clermont.

Son discours de réception prononcé le 28 décembre 1830, confirma l'opinion qu'on s'était faite de ses connaissances variées en histoire, en littérature, et de l'élégance de style avec lequel il savait revêtir ses pensées.

Le 22 juin 1839, il fut nommé membre de la commission chargée de la conservation des Monuments de France.

Malgré ces occupations incessantes et multipliées, qui semblaient ne laisser jamais de loisirs à M. Allemand, il n'est cependant dans notre Cité, aucun citoyen qui ait plus que lui, cumulé des fonctions administratives gratuites, et cela pendant de longues années.

Nous le retrouvons administrateur des hospices, administrateur du collége, membre de la commission des prisons, membre du conseil d'arrondissement, dont il était nommé Président chaque année, membre du conseil d'arrondissement pour l'instruction primaire, membre permanent du conseil municipal, et enfin, membre du conseil général.

Il serait difficile de signaler une existence mieux remplie et plus dévouée aux intérêts généraux et particuliers du pays. Et toutefois, constatons à l'honneur de M. Allemand, que les travaux du palais ne l'empêchèrent, en aucun temps, de remplir avec zèle et exactitude les fonctions gratuites qu'il avait acceptées.

On devait croire que, sur la fin de sa carrière, le repos lui serait devenu nécessaire, et que la cité reconnaissante de tous les services qu'il avait rendus, n'aurait plus de sacrifices nouveaux à réclamer.

Cependant, en l'année 1840, il fut désigné comme Maire, et accepta encore cette charge, malgré son âge avancé. Il semblait que, jusqu'au dernier instant de sa vie, il s'estimait heureux de témoigner de son dévoûment à la chose publique.

Son administration toute paternelle dans ses formes, était constamment empreinte du reflet du jurisconsulte. Le travail devenait plus facile, par cela même qu'il était mieux entendu et mieux dirigé.

S'il ne faut pas rattacher exclusivement à l'administration de M. Allemand les embellissements nouveaux de notre ville, embellissements auxquels chacun applaudit, et dont la pensée doit remonter à son prédécesseur, il est juste de dire que c'est M. Allemand qui a su faire exécuter l'œuvre préparée avant lui.

Il était encore en fonctions, lorsque la révolution de 1848 éclata ; à ce moment, l'âge ne put affaiblir la présence d'esprit du Maire. Il sut, par une noble résistance, s'opposer à toute usurpation de pouvoir, rejeter avec fermeté les exigences de ceux qui s'étaient créé un mandat populaire et entendaient le faire prévaloir.

M. Allemand, réchauffant ses souvenirs militaires, s'entourant de tout son courage de bon citoyen, repoussa avec indignation l'abandon qu'on réclamait de lui, et sut, avec le concours des amis de la cité et de la garde nationale, conserver l'ordre et la tranquillité dans un moment difficile.

Il ne se dépouilla du pouvoir que lorsqu'une commission instituée par le gouvernement provisoire, le força à quitter la Mairie.

Il fut ensuite appelé, par ses concitoyens, à faire partie, de nouveau, du Conseil municipal, et bientôt fut réintégré dans ses fonctions de Maire.

C'est alors, en 1849, qu'après avoir obtenu cette satisfaction, il se retira et renonça complètement aux affaires publiques.

Déjà, le 4 mai 1845, il avait été décoré de la Légion-d'Honneur, récompense tardive, et que, depuis long-temps, il avait méritée.

Tel était, Messieurs, le Jurisconsulte, l'Avocat, le Fonctionnaire dont nous déplorons la perte.

Vous l'avez, comme nous, connu dans sa vie privée. Comme nous, vous avez pu apprécier toutes ses qualités.

Son caractère plein de bonté et d'aménité pour ses jeunes confrères, plein d'égards et de déférence pour les anciens, était le même dans les relations habituelles. Il fallait compter sur la solidité et la durée de son amitié dès qu'elle était acquise. Il était inoffensif par nature, et ami par bon vouloir.

Sa vieillesse, entourée de tous les soins, de tous les égards, tels qu'on devait les attendre d'une affection dévouée, entourée de cette considération qu'il avait si noblement conquise, a été adoucie par les bienfaits de la religion qui lui apportait, sur les derniers jours de sa longue existence, sécurité et consolation. M. Allemand s'est éteint, presque sans douleur, le 16 mars 1851, dans sa 78e année.

Qu'il repose en paix, le citoyen qui sut constamment, dans le conseil de la commune et des hospices, défendre les droits de la cité, protéger les intérêts du pauvre.

Qu'il repose en paix, l'Avocat, le Jurisconsulte, qui sut honorer le Barreau, et doit rester comme l'une de ses gloires !

Qu'il repose en paix, l'ami de ma famille, toujours bienveillant, toujours affectueux !

Que la terre lui soit légère !

RIOM. — IMPRIMERIE DE A. JOUVET.

www.ingramcontent.com/pod-product-compliance
Lightning Source LLC
Chambersburg PA
CBHW060448050426
42451CB00014B/3231